La historia de

los teléfonos

Fracciones

Kristy Stark, M.A.Ed.

Asesoras

Michele Ogden, Ed.D
Directora
Irvine Unified School District

Colleen Pollitt, M.A.Ed.
Maestra de apoyo de matemáticas
Howard County Public Schools

Créditos de publicación

Rachelle Cracchiolo, M.S.Ed., *Editora comercial*
Conni Medina, M.A.Ed., *Gerente editorial*
Dona Herweck Rice, *Realizadora de la serie*
Emily R. Smith, M.A.Ed., *Realizadora de la serie*
Diana Kenney, M.A.Ed., NBCT, *Directora de contenido*
Stacy Monsman, M.A., *Editora*
Caroline Gasca, M.S.Ed., *Editora*
Sam Morales, M.A., *Editor asociado*
Kevin Panter, *Diseñador gráfico*

Créditos de imágenes: pág.9 Album/Oronoz/Newscom; pág.10 Photo
Researchers, Inc./Alamy Stock Photo; págs.10–11 World History Archive/
Newscom; pág.13 Pictorial Press Ltd/Alamy Stock Photo; págs.15 (superior),
27 (esquina superior izquierda) Creative Commons Attribution 3.0 Unported by
CTG Publishing www.ctgpublishing.com; pág.15 (página entera) Fox Photos/
Getty Images; pág.17 Jonathan Kirn/Corbis via Getty Images; pág.18 Bettmann/
Getty Images; pág.19 SSPL/Getty Images; pág.20 Chris Willson/Alamy Stock
Photo; pág.21 Eloy Alonso/Reuters; pág.22 David Paul Morris/Getty Images;
págs.23–24, (esquina superior derecha) Vivek Prakash/Reuters; pág.25 NASA;
pág.27 (desde la parte superior izquierda, en sentido horario) Library of Congress
[loc.gov/pictures/item/2004682105/]; Vivek Prakash/Reuters; Chris Willson/
Alamy; SupernanPhoto/iStock; Jack Sullivan/Alamy; doug4537/iStock;
Stefan Sollfors/Alamy (centro); las demás imágenes de iStock y/o Shutterstock.

Teacher Created Materials

5301 Oceanus Drive
Huntington Beach, CA 92649-1030
www.tcmpub.com

ISBN 978-1-4938-8318-9

Contenido

Esta es una obra de ficción. Los personajes, las compañías, los sucesos y los incidentes mencionados son producto de la imaginación de la autora o se han utilizado de manera ficticia. Cualquier semejanza con personas verdaderas, vivas o muertas, o con sucesos reales, es mera coincidencia.

Un viaje al pasado

Se hace tarde y el sol está a punto de ocultarse. Ben espera poder aprovechar los últimos rayos de luz para terminar su trabajo. La vieja cabina telefónica que encontró en el basurero fue un gran hallazgo. Es el **artilugio** perfecto para construir una máquina del tiempo.

Ben ha trabajado en su máquina del tiempo por varios meses. Sus padres, que son científicos, construyeron sus propias máquinas cuando tenían la edad de Ben. Ben les pidió ayuda con parte del trabajo, pero pudo hacer casi todo solo.

Cuando el sol comienza a ocultarse, Ben ajusta el último tornillo del panel de control de la máquina. "Listo, con eso debería ser suficiente", dice. Lo único que queda por hacer es poner a prueba la máquina.

Ben se acomoda en el asiento que atornilló en el interior de la cabina telefónica y se abrocha el cinturón de seguridad. Luego piensa adónde debería viajar primero.

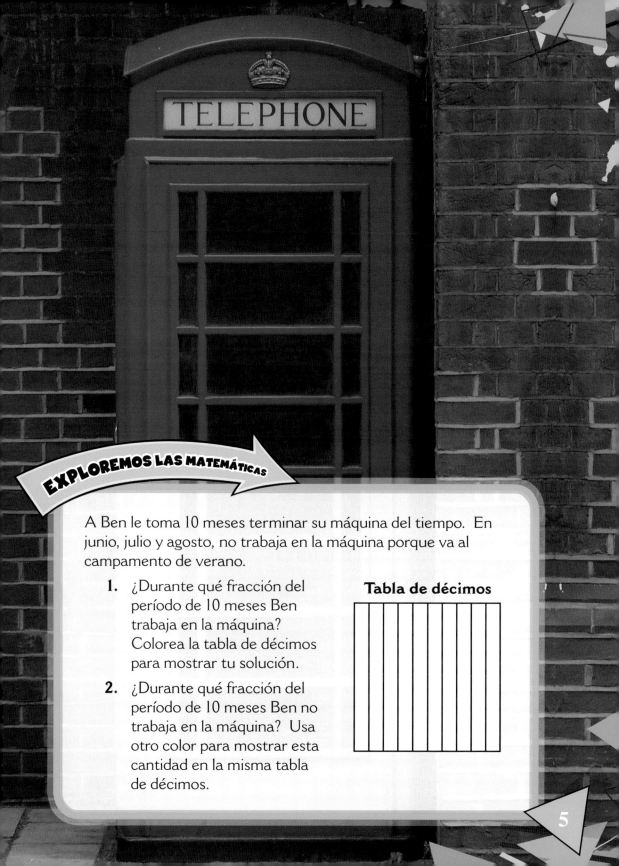

A Ben le toma 10 meses terminar su máquina del tiempo. En junio, julio y agosto, no trabaja en la máquina porque va al campamento de verano.

1. ¿Durante qué fracción del período de 10 meses Ben trabaja en la máquina? Colorea la tabla de décimos para mostrar tu solución.

2. ¿Durante qué fracción del período de 10 meses Ben no trabaja en la máquina? Usa otro color para mostrar esta cantidad en la misma tabla de décimos.

Tabla de décimos

Ben decide que hay un solo lugar **lógico** para visitar en su primer viaje en cabina telefónica. Quiere regresar al momento en que se inventó el teléfono. Entonces, escribe *invención del teléfono* en el campo de búsqueda de su computadora. El motor de búsqueda encuentra el período de tiempo correcto. Ben selecciona el año para confirmar su destino. La máquina del tiempo emite un suave zumbido mientras se calienta. Ben envía a sus padres un mensaje de texto corto para informarles adónde va.

www.busquedaeninternet.com

BúsquedaEnInternet

invención del teléfono | **Buscar**

Al principio no sucede nada. Ben mira la pantalla, confundido. De pronto, la cabina comienza a hacer ruido y a sacudirse. Tras un destello rápido, su casa desaparece frente a sus ojos. "Bueno, 1876, ¡allí voy!", grita Ben, emocionado al sentir que la cabina telefónica vuela por el aire.

Conozcamos al Sr. Bell y al Sr. Watson

Después de unos segundos, la cabina telefónica aterriza en una habitación pequeña. Allí hay un escritorio cubierto de herramientas y papeles. Ben ve un artefacto con una base de madera. ¡Es el primer teléfono!

Ben se desabrocha el cinturón de seguridad. Luego, abre lentamente la puerta de la cabina telefónica. Ve a dos hombres dándose un apretón de manos. Se ven muy felices. Los hombres ven a Ben y lo saludan. Se presentan como Alexander Graham Bell y Thomas Watson. Ben explica que viene del futuro. Señala el artefacto del escritorio y pregunta: "¿Pueden describirme su invento?".

Bell le comenta que su idea se basa en el telégrafo eléctrico, inventado por Samuel Morse en la década de 1830. El telégrafo utiliza un código de **pulsos** largos y cortos para enviar mensajes a través de una **corriente eléctrica**.

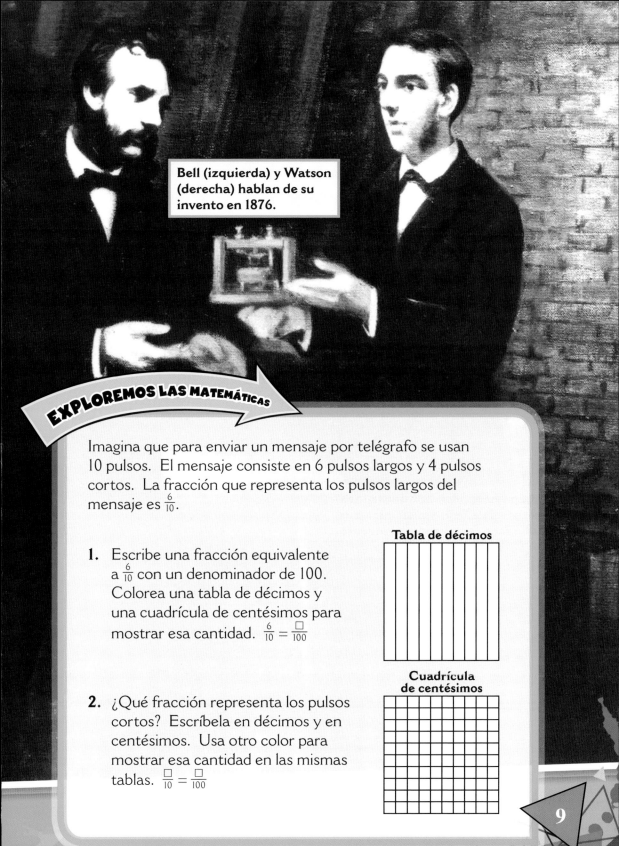

Bell (izquierda) y Watson
(derecha) hablan de su
invento en 1876.

EXPLOREMOS LAS MATEMÁTICAS

Imagina que para enviar un mensaje por telégrafo se usan
10 pulsos. El mensaje consiste en 6 pulsos largos y 4 pulsos
cortos. La fracción que representa los pulsos largos del
mensaje es $\frac{6}{10}$.

1. Escribe una fracción equivalente
   a $\frac{6}{10}$ con un denominador de 100.
   Colorea una tabla de décimos y
   una cuadrícula de centésimos para
   mostrar esa cantidad. $\frac{6}{10} = \frac{\square}{100}$

Tabla de décimos

**Cuadrícula
de centésimos**

2. ¿Qué fracción representa los pulsos
   cortos? Escríbela en décimos y en
   centésimos. Usa otro color para
   mostrar esa cantidad en las mismas
   tablas. $\frac{\square}{10} = \frac{\square}{100}$

9

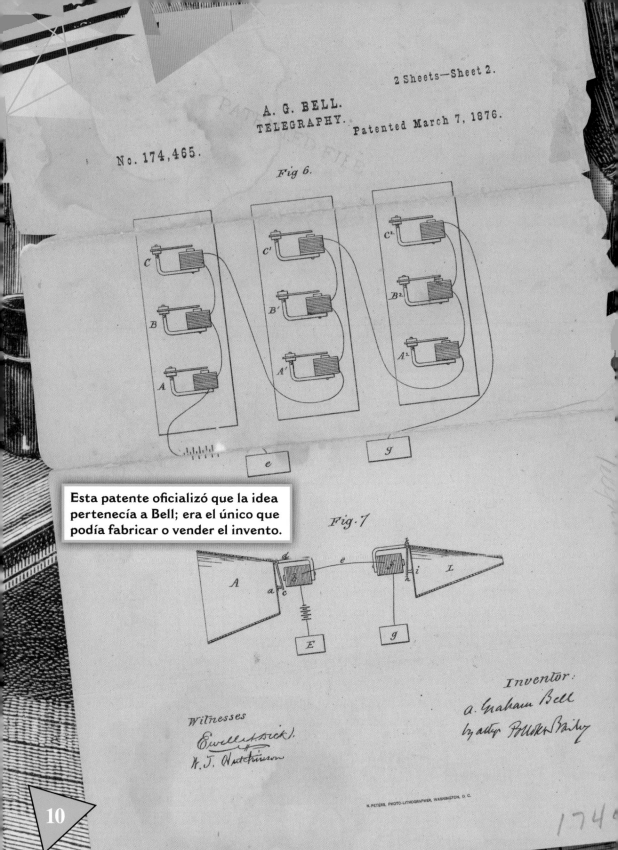

2 Sheets—Sheet 2.

A. G. BELL.
TELEGRAPHY.

Patented March 7, 1876.

No. 174,465.

Fig 6.

Esta patente oficializó que la idea pertenecía a Bell; era el único que podía fabricar o vender el invento.

Fig. 7

Witnesses

Inventor:
a. Graham Bell

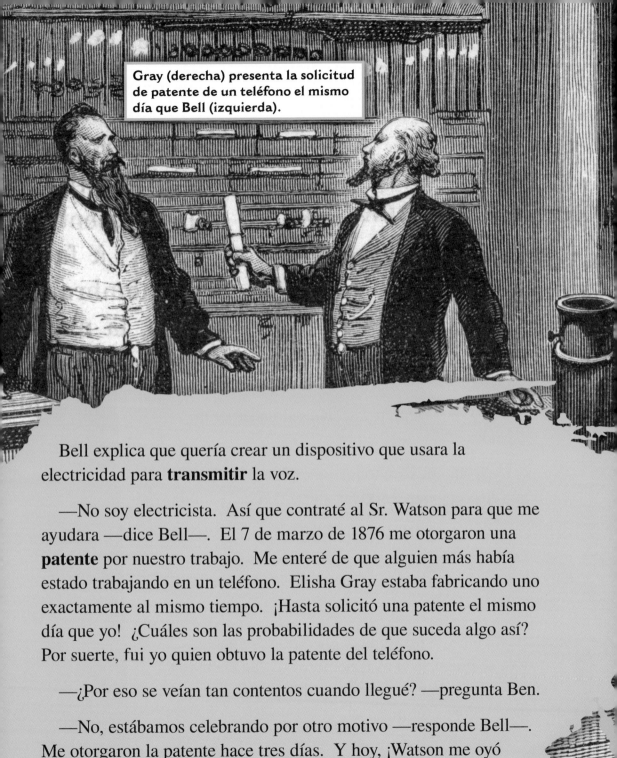

Gray (derecha) presenta la solicitud de patente de un teléfono el mismo día que Bell (izquierda).

Bell explica que quería crear un dispositivo que usara la electricidad para **transmitir** la voz.

—No soy electricista. Así que contraté al Sr. Watson para que me ayudara —dice Bell—. El 7 de marzo de 1876 me otorgaron una **patente** por nuestro trabajo. Me enteré de que alguien más había estado trabajando en un teléfono. Elisha Gray estaba fabricando uno exactamente al mismo tiempo. ¡Hasta solicitó una patente el mismo día que yo! ¿Cuáles son las probabilidades de que suceda algo así? Por suerte, fui yo quien obtuvo la patente del teléfono.

—¿Por eso se veían tan contentos cuando llegué? —pregunta Ben.

—No, estábamos celebrando por otro motivo —responde Bell—. Me otorgaron la patente hace tres días. Y hoy, ¡Watson me oyó hablar por teléfono!

Ben está asombrado.

—¿Y qué le dijo al Sr. Watson? —pregunta.

—Le dije: "Sr. Watson, venga. Quiero verlo". Él estaba en otra habitación y me oyó por el teléfono. ¿No es fantástico? Creo que este teléfono va a cambiar el mundo. ¿Piensas que algún día todos tendrán un teléfono?

—No hay duda de que su invento lo cambiará todo, Sr. Bell. Sé que todo el mundo tendrá un teléfono. En poco más de cien años, incluso habrá teléfonos que cabrán en los bolsillos.

Bell y Watson ríen y se dan palmadas en la espalda.

—¡Teléfonos para todos! —exclama Watson, aún riendo y moviendo la cabeza con incredulidad.

—Gracias por su tiempo, Sr. Bell y Sr. Watson. Debo irme. Tengo varias paradas más por delante —dice Ben mientras se abrocha el cinturón de seguridad.

Mientras la máquina del tiempo se calienta, Ben se pregunta si esos hombres se dan cuenta del impacto que tendrá su invento en las generaciones futuras.

Watson oye la voz de Bell a través del teléfono por primera vez.

Cambios en el diseño de los teléfonos

Ben decide que quiere averiguar cómo cambiaron los teléfonos a partir del diseño de Bell. Viaja de la década de 1880 a principios del siglo xx. Ve que los teléfonos cambiaron muchísimo en ese tiempo. Su aspecto es muy diferente del teléfono original de Bell.

Ben continúa avanzando en el tiempo. Observa cómo las personas compran teléfonos para sus hogares y negocios. Ve un teléfono candelabro. En la década de 1890, los primeros teléfonos candelabro tenían dos piezas separadas. Una se sostenía cerca de la boca. La otra se acercaba al oído. Así se podía escuchar a la persona a quien se hablaba. A fines de la década de 1920 apareció un diseño nuevo en el que el micrófono estaba conectado con el **auricular**.

Ben también ve a unos hombres construyendo cabinas telefónicas públicas. Esas cabinas son más **elegantes** que la suya. Tienen alfombra y cortinas de encaje. También cuentan con lujosas vitrinas de madera lustrada.

TELEPHONE

1876

1892

1927

15

Ben observa a unos trabajadores instalar postes y líneas telefónicas. Se necesitan cada vez más líneas a medida que más personas instalan teléfonos en sus hogares y oficinas.

Ben se entera de que para 1919 casi todos usaban teléfonos de disco. Esos teléfonos tienen discos con los dígitos del 0 al 9. Se hacía girar el disco hasta llegar a un dígito y luego se soltaba. Había que repetir el proceso para cada uno de los dígitos del número telefónico. Ben marca el número de su casa en el teléfono de disco. ¡Lo asombra cuánto tiempo le toma hacerlo! "Menos mal que reemplazaron este teléfono, —piensa Ben—. ¡Toma demasiado tiempo hacer una llamada!".

Ben se pregunta en qué momento exacto se reemplazaron los teléfonos de disco con los teléfonos de botones. Escribe esta **consulta** en el campo de búsqueda de su computadora. Luego selecciona el período de tiempo. ¡Poco después, Ben se encuentra nuevamente de viaje!

teléfono de disco de la década de 1920

Un instalador de líneas telefónicas trabaja en un poste en 1920.

El disco de un teléfono tiene 10 dígitos, del 0 al 9. En el disco, $\frac{5}{10}$ de los dígitos son impares y $\frac{50}{100}$ de los dígitos son pares. Colorea una tabla de décimos y una cuadrícula de centésimos para mostrar las fracciones de dígitos impares y pares del teléfono de disco. Luego, escribe fracciones equivalentes para sumar las fracciones.

Tabla de décimos

Cuadrícula
de centésimos

teléfono de marcación
por tonos de 1963

Exploremos las décadas de 1960 y 1970

En su siguiente parada, Ben aterriza en 1963. Se encuentra en la oficina central de la compañía estadounidense de telecomunicaciones American Telephone and Telegraph Company (AT&T). Ben ve el teléfono de marcación por tonos. Aprende que fue el primer teléfono de botones que hubo en el mercado. El teléfono de marcación por tonos no se parece al teléfono de disco. Tiene un teclado para marcar los números. A cada tecla le corresponde una **frecuencia** propia. Cada frecuencia envía una señal que indica al operador qué dígito se marcó.

Ben ve otra máquina en la oficina de la compañía. No se parece a nada que haya visto antes. Tiene botones y una luz que parpadea. Parece una caja pequeña. Ben se entera de que la caja es un contestador automático.

Los contestadores automáticos se usaban cuando no se podía contestar el teléfono. Los mensajes quedaban grabados en **casetes**. Fueron muy populares hasta comienzos del siglo XXI.

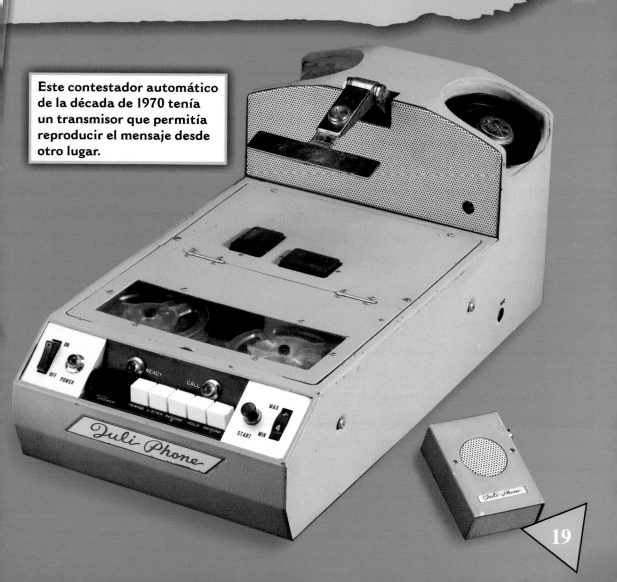

Este contestador automático de la década de 1970 tenía un transmisor que permitía reproducir el mensaje desde otro lugar.

Ben se pone a pensar adónde le gustaría ir a continuación. Decide viajar para ver la invención del primer teléfono celular. Le sorprende enterarse de que se inventó unos 10 años más tarde que el primer teléfono de botones.

Ben aterriza en 1973. Se encuentra con el ingeniero Martin Cooper. Cooper trabaja para una compañía llamada Motorola. Le cuenta a Ben que las personas quieren poder realizar llamadas telefónicas en cualquier momento y desde cualquier lugar. Comenta: "Hice mi primera llamada telefónica desde una acera de la ciudad de Nueva York. Llamé a mi rival, Joel Engel. Él trabaja para Bell Labs. Solo quería hacerle saber que le había ganado de mano: ¡yo inventé el primer teléfono celular!".

El primer teléfono celular se vendió unos 10 años después, en 1984. Pero había que seguir investigando para perfeccionarlo. Eran pocas las personas que podían comprarlo. Costaba mucho dinero. ¡Aproximadamente $4,000! Ben se entera de que con estos teléfonos solo se podía hablar unos 30 minutos por vez. Luego, ¡había que cargarlos por 10 horas!

teléfono celular de 1984

Cooper posa
con su invento.

EXPLOREMOS LAS MATEMÁTICAS

Tomaba 10 horas cargar el primer teléfono celular. Imagina que Martin Cooper cargó su teléfono por 4 horas en la mañana y por 6 horas en la tarde.

1. Colorea un círculo de décimos para mostrar la fracción de tiempo durante la que se cargó el teléfono por la mañana. Colorea un círculo de centésimos para mostrar la fracción de tiempo durante la que se cargó el teléfono por la tarde.

Círculo de décimos

2. ¿Qué fracción representa la cantidad total de tiempo que Cooper cargó su teléfono? Escribe la respuesta con décimos y con centésimos.

Círculo de centésimos

21

Steve Jobs presenta el iPhone® en San Francisco, California, en 2007.

Teléfonos más inteligentes

Justo cuando Ben está reflexionando sobre qué haría si tuviera que esperar 10 horas para que su teléfono se cargara, recibe un mensaje de texto de su mamá. Le pide que regrese pronto a casa. La cena está casi lista. "Una parada más", le contesta Ben.

Ben sabe que los teléfonos celulares han cambiado mucho desde 1973. Se volvieron más pequeños y sus baterías duraban más. También se les añadieron juegos y cámaras. Ben comienza a darse cuenta de cómo la invención del **teléfono inteligente** revolucionó la manera en que las personas se comunican. ¡Y es justamente eso lo que quiere ver ahora!

La máquina del tiempo transporta a Ben a 2007. Está en la oficina central de Apple®. Ve a Steve Jobs presentando el iPhone®. Jobs explica que este nuevo teléfono no sirve únicamente para hacer llamadas y tomar fotografías. Tiene una pantalla táctil y funciona como una minicomputadora. El teléfono navega en Internet, reproduce música, utiliza aplicaciones y envía mensajes de texto.

Por supuesto, Ben ya sabe todo esto. Sin embargo, se siente agradecido de presenciar este momento histórico. Hasta ahora, nunca había notado que el lanzamiento del iPhone® se produjo en el mismo año que su nacimiento. "¡Vaya, el 2007 fue un año importante por tantas razones!", piensa.

EXPLOREMOS LAS MATEMÁTICAS

Ben pregunta a 10 amigos cuál es el uso más frecuente que dan a sus teléfonos inteligentes. Les pide que elijan entre las siguientes categorías: música, correo electrónico, navegación en Internet y juegos. Ben registra sus respuestas en el siguiente círculo de décimos.

Uso del teléfono celular

- música
- correo electrónico
- navegación en Internet
- juegos

1. Escribe una fracción para cada categoría del círculo de décimos.

2. Convierte cada fracción a centésimos.

3. ¿Qué fracción de los estudiantes usa su teléfono inteligente para escuchar música y jugar? Escribe esta fracción con décimos y con centésimos.

el primer teléfono Android

Ben regresa a su cabina telefónica. Busca en la computadora más información sobre los teléfonos inteligentes. Descubre que el primer teléfono Android® apareció en 2008. Se llamaba HTC Dream®. Ben aprende que ambos tipos de teléfonos inteligentes tienen características similares, pero funcionan con distintos **sistemas operativos**. Un sistema operativo es el programa más importante de una computadora. Permite el ingreso y la salida de datos.

Además de sistemas operativos, los teléfonos tienen en realidad un elemento clave en común. ¡Ambos tienen computadoras en su interior! Estas computadoras son más potentes que las que usó la NASA para enviar personas a la Luna en 1969. Ben saca su teléfono inteligente del bolsillo. Lo observa y piensa: "Con razón mamá siempre me dice que lo cuide mucho".

De pronto, Ben recuerda el mensaje de texto de su mamá. Pone a calentar la máquina del tiempo. Mientras espera, se pregunta cómo cambiarán los teléfonos inteligentes en el futuro. Piensa: "Quién sabe, tal vez seré yo quien invente el próximo teléfono sorprendente".

centro de control de misión de la NASA en 1969

De regreso a casa

—Mamá. Papá. Ya llegué —exclama Ben al salir de la cabina telefónica.

—¿Cómo estuvo tu viaje? —pregunta la mamá mientras le da un abrazo.

Ben les cuenta a sus padres sobre la visita a Bell y a Watson. Les describe cada invento que vio, desde el teléfono candelabro hasta los teléfonos inteligentes.

Ben quiere recordar esta experiencia y lo que aprendió. Entonces, al día siguiente, crea una línea de tiempo. Allí muestra todo lo que vio durante su aventura. Incluye fechas y personas importantes. También hace un dibujo de cada invento.

Ben decide que dos personas muy importantes deben ver su línea del tiempo. Coloca una copia en su máquina del tiempo. Se la envía a Bell y a Watson, junto con una nota. *Pensé que querrían ver cómo cambia su invento con el tiempo. Su amigo, Ben.*

1876

2008

2007

1892

1973

1937

1963

⚙️ Resolución de problemas

La escuela primaria Oak está recaudando fondos para comprar artículos nuevos para la clase de educación física. Piden teléfonos celulares viejos. Los teléfonos viejos se reciclarán y la escuela recibirá dinero a cambio.

La tabla de la derecha muestra la fracción de estudiantes (por grado) que juntaron teléfonos celulares.

1. ¿Cuál es el grado con la mayor fracción de estudiantes que juntaron teléfonos celulares viejos? ¿Cómo lo sabes?

2. ¿Cuál es el grado con la menor fracción de estudiantes que juntaron teléfonos celulares viejos? ¿Cómo lo sabes?

3. ¿Qué fracción de los estudiantes de 1.er y 2.º grado juntaron teléfonos celulares? Explica tu razonamiento.

4. ¿Qué fracción de los estudiantes de 3.er y 4.º grado juntaron teléfonos celulares? Explica tu razonamiento.

5. ¿Cuáles son los dos grados con la mayor fracción de estudiantes que juntaron teléfonos celulares: 1.er y 2.º grado, o 3.er y 4.º grado? Explica tu razonamiento.

| Fracción de estudiantes que juntaron teléfonos celulares ||
Grado	Estudiantes
1	$\frac{6}{10}$
2	$\frac{34}{100}$
3	$\frac{3}{10}$
4	$\frac{52}{100}$

Glosario

artilugio: artefacto inusual

auricular: la parte del teléfono que se coloca al oído

casetes: estuches pequeños que contienen cinta magnética y sirven para grabar o reproducir audio

consulta: pregunta o solicitud de información

corriente eléctrica: flujo de electricidad

elegantes: de buen gusto

frecuencia: número de veces que una onda sonora o de radio se repite por segundo

lógico: razonable

patente: documento oficial que otorga a una persona el derecho de ser la única que puede fabricar o vender un producto

pulsos: incrementos breves de la cantidad de luz, sonido o electricidad

sistemas operativos: los programas más importantes de las computadoras

teléfono inteligente: teléfono celular que sirve para enviar y recibir correos electrónicos y mensajes de texto, navegar en Internet y tomar fotografías

transmitir: enviar señales

Índice

Soluciones

Exploremos las matemáticas

página 5:

1. $\frac{7}{10}$; 7 de las 10 partes de la tabla de décimos deben ser de un color.

2. $\frac{3}{10}$; 3 de las 10 partes de la tabla de décimos deben ser de otro color.

página 9:

1. $\frac{6}{10} = \frac{60}{100}$; 6 de las 10 partes de la tabla de décimos y 60 de las 100 partes de la cuadrícula de centésimos deben ser de un color.

2. $\frac{4}{10} = \frac{40}{100}$; 4 de las 10 partes de la tabla de décimos y 40 de las 100 partes de la cuadrícula de centésimos deben ser de otro color.

página 17:

Dígitos impares: $\frac{5}{10} = \frac{50}{100}$;
Dígitos pares: $\frac{5}{10} = \frac{50}{100}$;
$\frac{5}{10} + \frac{5}{10} = \frac{10}{10}$, o 1; $\frac{50}{100} + \frac{50}{100} = \frac{100}{100}$, o 1; 10 de las 10 partes de la tabla de décimos y 100 de las 100 partes de la cuadrícula de centésimos deben estar coloreadas.

página 21:

1. $\frac{4}{10}$; 4 de las 10 partes del círculo de décimos deben estar coloreadas; $\frac{60}{100}$; 60 de las 100 partes del círculo de centésimos deben estar coloreadas.

2. $\frac{10}{10} = \frac{100}{100}$

página 23:

1. música: $\frac{2}{10}$
correo electrónico: $\frac{2}{10}$
navegación en Internet: $\frac{3}{10}$
juegos: $\frac{3}{10}$

2. música: $\frac{2}{10} = \frac{20}{100}$
correo electrónico: $\frac{2}{10} = \frac{20}{100}$
navegación en Internet:
$\frac{3}{10} = \frac{30}{100}$
juegos: $\frac{3}{10} = \frac{30}{100}$

3. $\frac{2}{10} + \frac{3}{10} = \frac{5}{10}$; $\frac{5}{10} = \frac{50}{100}$

Resolución de problemas

1. 1.er grado; $\frac{6}{10} = \frac{60}{100}$; $\frac{60}{100} > \frac{34}{100}$; $\frac{6}{10} > \frac{3}{10}$; $\frac{60}{100} > \frac{52}{100}$

2. 3.er grado; $\frac{3}{10} = \frac{30}{100}$; $\frac{3}{10} < \frac{6}{10}$; $\frac{30}{100} < \frac{34}{100}$; $\frac{30}{100} < \frac{52}{100}$

3. $\frac{94}{100}$; $\frac{6}{10} = \frac{60}{100}$; $\frac{60}{100} + \frac{34}{100} = \frac{94}{100}$

4. $\frac{82}{100}$; $\frac{3}{10} = \frac{30}{100}$; $\frac{30}{100} + \frac{52}{100} = \frac{82}{100}$

5. 1.er y 2.º grado; las explicaciones variarán, pero deben mencionar que $\frac{94}{100} > \frac{82}{100}$.